시니어를 위한

슬기로운
디지털 생활

나는 영웅이!

시니어를 위한
슬기로운
디지털 생활

조진화 글 | 임지윤 그림

포레스트북스

인생 2막, 젊고, 품격 있고, 당당하게 살아가는 법

'스마트폰은 어렵고, 인터넷은 복잡하고, 키오스크는 무섭다.' 어렵고 낯선 디지털 세상이 시작되며 부모님, 즉 시니어분들이 점점 더 소외되고 있는 요즘입니다. 식당에서, 기차역·터미널에서, 병원 등에서 디지털 기기에 익숙하지 않다는 이유만으로 자꾸 작아지고 있습니다. 이를테면 부모님이 패스트푸드점에서 키오스크를 다루지 못해 주문하지 못하고 가게를 그냥 나왔다는 안타까운 사연이 빈번하게 들려오고 이슈가 되고 있습니다. '우리 부모님의 일은 아닐 거야' 하고 가볍게 넘길 수 있는 사안이 아니라는 뜻입니다. 세상은 빠르게 변하고 있으며, 디지털 기술은 더 이상 선택이 아닌 필수이자 생존권이 되었기 때문입니다.

20여 년 동안 전국의 모든 연령층을 대상으로 미디어 수업을 진행하면서 뵐 때마다 늘 마음 한구석이 편치 않았던 교육 대상자들이 있습니다. 연세가 지긋하게 드신 시니어분들입니다. 누구보다 열심히 세상을 살아온 그분들에게 새로운 지식을 전달하면서 많은 보람도 느꼈지만 동시에 컴퓨터나 휴대폰, 키오스크 앞에서 진땀을 흘리시는 모습을 보면서 안타까움도 금치 못했습니다.

이러한 마음이 동기가 되어 이 책이 태어났습니다. 최근 몇 년간 딸과 함께 디지털 수업을 하면서 시니어분들이 특히 어려워했던 부분들 그리고 앞으로의 세상을 당당하게 살아갈 수 있게 꼭 알아야 하는 노하우를 이 책에 담았습니다. 많은 고민 끝에 '최대한 간단하게, 생활에 꼭 필요한 기능만 추리자'라는 생각으로 딸과 함께 내용을 정리했고, 여기에 딸이 재밌는 카툰도 그려서 넣어주었습니다.

이제 이 책을 통해서 스마트 렌즈 기능으로 등산하다 만난 이름 모를 꽃과 나무의 이름도 알아보고, 국민 메신저인 카카오톡에서 쇼핑하는 법도 익혀보고 그리고 기차역과 터미널의 키오스크 앞에서 더는 머뭇거리지 않아도 되는 방법들을 배워볼 시간입니다. 일상생활이 편리해지는 기술을 쉽고 재미있게, 기초부터 차근차근 알아갈 수 있습니다.

그래서 이 책은 단순한 디지털 기술 교육서가 아닙니다. 우리 어른들이 새로운 세상에 대한 두려움을 극복하고 자신감을 되찾도록 도와줄 수 있는 지침서라고 생각합니다. 책 속의 과정들을 순서대로 따라 하다 보면 그 과정에서 몰랐던 지식도 습득할 수 있고, 디지털 세계에 대한 두려움도 극복할 수 있고 나아가 새로운 사회와 당당하게 소통할 수 있을 것입니다.

"어릴 때 모르는 것을 여쭤보면
부모님은 제게 뭐든지 척척 알려주셨죠.
엄마, 아빠, 걱정하지 마세요. 이제는 제가 알려드릴게요 ♥"

저자 조진화, 임지윤

차례

 시작하기 전에 ## 스마트폰 기본 설정을 해보자!

시작하기
전에

스마트폰
기본 설정을 해보자!

스마트폰 보실 때 작은 글씨 때문에 눈이 침침하고 답답해서 괴로웠던 적 많으시죠? 여기서는 스마트폰의 작은 글씨를 확 키우고, 또 손 대신 나의 목소리로 문자 메시지를 입력하는 등 알아두면 딱 좋은 기본 기능을 알려드릴 거예요. 따라 하기 쉽게 차근차근 설명할 테니 지금부터 집중해주세요!

스마트폰 주요 버튼 알아보기

스마트폰의 주요 버튼은 기본적으로 반드시 알아야 합니다. 주요 버튼의 위치와 기능을 익혀둡시다.

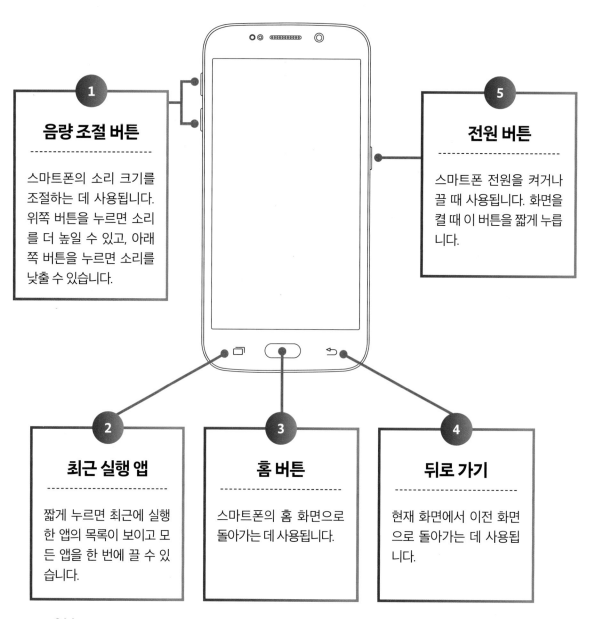

1 음량 조절 버튼

스마트폰의 소리 크기를 조절하는 데 사용됩니다. 위쪽 버튼을 누르면 소리를 더 높일 수 있고, 아래쪽 버튼을 누르면 소리를 낮출 수 있습니다.

5 전원 버튼

스마트폰 전원을 켜거나 끌 때 사용됩니다. 화면을 켤 때 이 버튼을 짧게 누릅니다.

2 최근 실행 앱

짧게 누르면 최근에 실행한 앱의 목록이 보이고 모든 앱을 한 번에 끌 수 있습니다.

3 홈 버튼

스마트폰의 홈 화면으로 돌아가는 데 사용됩니다.

4 뒤로 가기

현재 화면에서 이전 화면으로 돌아가는 데 사용됩니다.

스마트폰 화면 구성 알아보기

사용자가 직접 자신이 원하는 방식으로 스마트폰 화면을 구성하고, 필요한 앱과 위젯(날씨, 시계, 캘린더 등 사용하기 편리하도록 홈 화면에 표시되는 작은 창)을 추가할 수 있습니다 스마트폰 화면은 크게 홈 화면, 앱 화면, 잠금 화면으로 나뉩니다.

● 위젯

1 홈 화면

스마트폰을 처음 켰을 때 가장 먼저 보이는 화면입니다. 홈 화면에는 자주 사용하는 앱 아이콘, 위젯 등이 배치되어 있습니다.

● **누르면 '앱 화면'으로 가요**

② 앱 화면

스마트폰에 설치된 모든 앱을 볼 수 있는 화면입니다. 앱 화면에서는 앱을 찾고 실행할 수 있습니다.

● 와이파이 상태,
배터리 잔량 등을 확인해요

③ 잠금 화면

스마트폰 화면을 켜기 전에 잠겨 있는 화면입니다. 잠금 화면에는 날짜, 시간, 알림, 배터리 상태 등이 표시되어 있습니다.

스마트폰 기본 아이콘 살펴보기

스마트폰 아이콘은 앱의 특징이나 기능을 보자마자 알 수 있도록 쉬운 그림으로 표현돼 있습니다. 따라서 사용자가 쉽게 앱을 찾고 실행할 수 있습니다. 메시지, 전화, 캘린더, 설정 등 자주 쓰이는 스마트폰 아이콘을 미리 눈에 익혀 놓으면 편리합니다.

캘린더 아이콘

메시지 아이콘

플레이스토어 아이콘

네이버 아이콘

전화 아이콘

계산기 아이콘

설정 아이콘

안드로이드 아이콘

스마트폰 글자 사이즈 키우는 법

스마트폰 화면 속 글자 사이즈가 작아서 불편하다면 크게 키울 수 있습니다. 반대로 큰 글자를 줄일 수도 있습니다.

❶ 앱 화면에서 [설정] 을 누릅니다.

❷ [디스플레이]를 누릅니다.

❸ 디스플레이 화면에서 [글자 크기와 스타일]을 누릅니다.

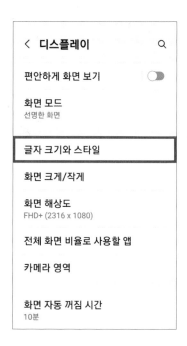

❹ 글자 크기와 스타일 화면에서 [글자 크기]를 선택해서
사이즈를 조절합니다.

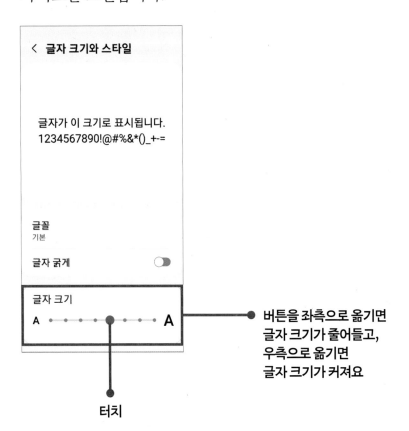

버튼을 좌측으로 옮기면
글자 크기가 줄어들고,
우측으로 옮기면
글자 크기가 커져요

플레이스토어 사용법

플레이스토어를 통해 다양한 기능을 가진 앱을 설치할 수 있습니다. 건강, 게임, 음악, 영화 등 앱의 종류는 아주 다양합니다.

❶ 앱 화면에서 [플레이스토어] 를 누릅니다.

❷ 검색창에 필요한 앱의 이름을 입력합니다. 여기서는 '만보기'를 검색해보겠습니다. 창에 만보기라고 입력합니다.

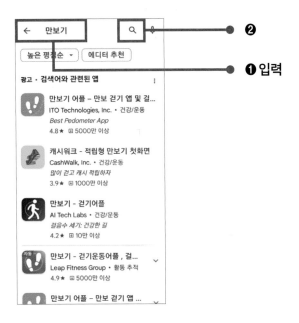

❸ 만보기와 관련된 앱이 여러 개가 나옵니다. 평가 점수가 높은 것, 다운로드가 많이 된 것을 선택하는 것이 좋습니다.

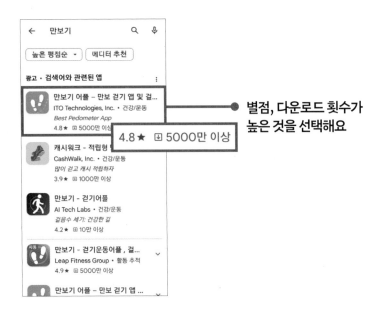

❹ 앱을 누르면 설치 화면이 나옵니다. [설치] 를 누릅니다.

❺ 설치가 끝나면 [열기] 를 누릅니다(만약 설치 화면이 나오지 않고 바로 열기 화면이 보인다면 앱이 이미 휴대폰에 저장이 된 것입니다).

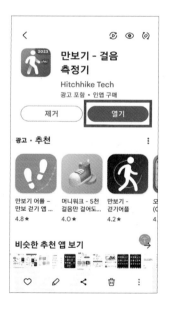

❻ 이렇게 설치한 앱은 앱 화면의 가장 마지막 순서에 저장됩니다.

무료 와이파이 설정하기

와이파이(Wi-Fi)가 있으면 무선으로, 무료로 인터넷에 접속할
수 있습니다. 요즘은 공공장소나 카페, 음식점, 버스 정류장 등
다양한 곳에서 무료 와이파이를 제공합니다.

❶ 앱 화면에서 [설정]을 누릅니다.

❷ [연결]을 누릅니다.

❸ [Wi-Fi] 옆에 만약 회색 버튼이 보인다면 한 번 눌러서
와이파이를 활성화합니다(파란색 버튼이 되도록).

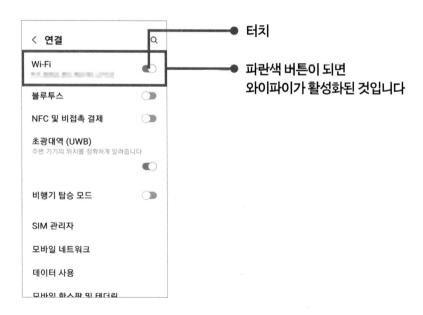

❹ 와이파이 비밀번호를 입력합니다.

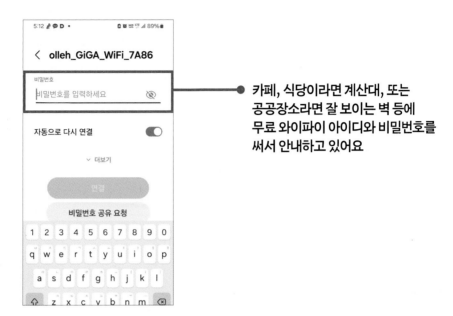

카페, 식당이라면 계산대, 또는
공공장소라면 잘 보이는 벽 등에
무료 와이파이 아이디와 비밀번호를
써서 안내하고 있어요

❺ 와이파이가 연결됐습니다.

❻ 와이파이를 설정한 후 [자동으로 다시 연결] 버튼을 누릅니다. 그러면 그곳을 다시 방문했을 때 따로 설정하지 않아도 와이파이가 자동으로 연결됩니다.

음성 인식 기능 활용하기

01 **음성으로 검색하기**

스마트폰에서 음성 인식 기능으로 검색하면 실제로 사람을 부르듯 불러서 글을 입력하고 정보를 찾을 수 있습니다. 운전이나 식사 중에 또는 다른 일을 하는 중에 편리하게 쓸 수 있습니다.

❶ 플레이스토어에서 네이버 앱을 다운로드받은 뒤 화면에서 [네이버] 앱을 누릅니다.

❷ 검색창 오른편에 초록색 동그라미가 표시돼 있는데 이
를 누릅니다.

❸ [음성]을 누르고 검색하고 싶은 내용을 육성으로 말합니다.
"내일 날씨"라고 말해봅시다.

❹ 그러면 내일 날씨 정보를 알 수 있습니다.

"음성으로 검색할 때는 주변에 소음이 심하면 음
성 인식이 되지 않을 수 있어요! 음성 기능을 쓸 때
는 또박또박, 천천히 발음하세요."

음성을 글자로 바꾸기

특히 문자 메시지 또는 카카오톡을 쓸 때 음성 인식 기능을 사용하면 아주 편리합니다. 화면에 보이는 마이크 버튼을 터치하고 육성으로 말하면 글자가 자동으로 입력됩니다.

❶ 카카오톡에서 대화할 상대방을 선택한 뒤 [🎤] 버튼을 누릅니다.

❷ 음성 입력 버튼이 나타나면 하고 싶은 말을 육성으로 하고 [▶] 버튼을 누릅니다.

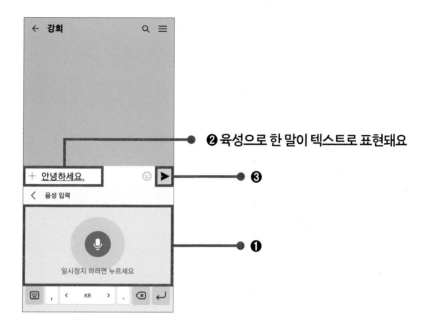

❷ 육성으로 한 말이 텍스트로 표현돼요

❸

❶

❸ 대화방에 메시지가 입력된 모습입니다.

카메라로
멋진 사진을 찍어보자!

스마트폰 카메라로 멋진 풍경이나 소중한 사람들을 찍어 사진으로 남기고 싶은데, 마음처럼 사진이 잘 나오지 않아 속상했던 기억, 누구나 한 번쯤은 있을 거예요. 요즘 스마트폰 카메라는 화질이 좋아서 카메라의 '위치'와 피사체가 놓인 '구도', 이 두 가지만 잘 맞추면 평범한 사진도 멋진 사진으로 재탄생할 수 있답니다. 지금부터 사진을 멋지게 찍을 수 있는 팁을 설명해드리겠습니다.

01 갤러리 속 사진 효율적으로 관리하는 법

스마트폰이나 컴퓨터에는 '폴더'라는 것이 있습니다. 이는 물건을 종류별로 정리하는 서랍과 똑같습니다. 마찬가지로 스마트폰 갤러리 폴더는 저장한 사진과 동영상을 분류하고 관리하는 데 사용됩니다. 특히 저장한 사진이 늘어날수록 보고 싶은 사진을 한 번에 찾기가 어려워집니다. 그래서 사진의 내용과 종류에 맞춰 폴더를 만들어 두면 아주 편리합니다. 이때 만드는 것이 '즐겨찾기' 폴더입니다. 말 그대로 즐겨 찾는 사진과 동영상을 모아두는 폴더입니다. 이 장에서는 즐겨찾기 폴더 만드는 법까지 알려드리겠습니다.

01 사진 잘 찍는 법

❶ 앱 화면에서 [카메라]를 누릅니다.

❷ 카메라 화면이 나오면 사진의 구도를 잡아봅니다.

정면보다
측면에서 찍으면
사물(또는 인물)의
입체감을
더욱 살릴 수 있어요

❸ 풍경 사진을 찍을 때는 위에서 내려다보는 구도가 좋고, 인물 사진을 찍을 때는 아래에서 올려다보는 구도가 좋습니다.

영웅이의
깜짝 TIP!

"사진을 찍기 전에는 깨끗한 천으로 렌즈를 깨끗하게 닦아요! 렌즈가 깨끗하지 않아서 사진이 흐리게 나오는 경우가 꽤 많답니다."

갤러리 관리하기

❶ 앱 화면에서 [갤러리]를 누릅니다.

❷ 갤러리 앱에서 상단의 [+] 버튼을 누르면 아래에 여러 항목이 나옵니다. [앨범]을 누릅니다.

❸ [앨범]을 터치해서 '앨범 만들기'가 나오면 만들고 싶은 앨범의 이름을 적고 [추가]를 누릅니다. '나무들'이라는 이름의 폴더를 만들어보겠습니다.

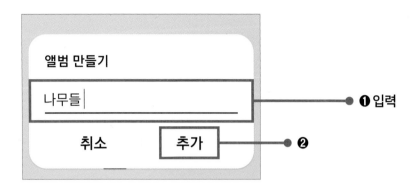

❹ 새로 만든 '나무들' 앨범으로 옮기고 싶은 사진을 선택한 뒤 하단의 [더보기]-[앨범으로 이동]을 차례로 누릅니다.

❺ 그다음 [나무들] 폴더에 들어가면 사진들이 옮겨져 있는 것을 확인할 수 있습니다.

자주 보는 사진 즐겨찾기 하는 법

❶ 갤러리에서 자주 찾아보는 사진이나 동영상을 선택합니다.

❷ 사진 좌측 하단의 [♡]를 누르면 하트가 빨간색으로 채워지는 것을 볼 수 있습니다. 즐겨찾기 사진으로 설정됐단 뜻입니다.

● 누르면 빨간 하트로 변해요

❸ 잘 설정된 것이 맞는지 앨범에서 [즐겨찾기] 폴더로 들어가서 확인합니다.

❹ 즐겨찾기에 추가된 사진은 모두 우측 상단에 하트 모양의 아이콘이 나타납니다.

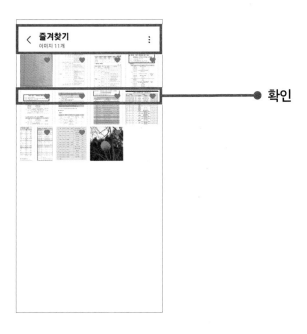

확인

스마트 렌즈로
식물의 이름을 바로 알아보자!

등산 좋아하시죠? 산을 오르다 보면 다양한 나무와 꽃들을 볼 수 있는데요. 가끔 이름 모를 예쁜 꽃의 정확한 명칭이 무엇인지 궁금했던 적 없으신가요? 이번 장에서 알려드릴 '스마트 렌즈'는 카메라만 가져다대면 각종 식물들의 이름을 알 수 있는 기능이랍니다. 식물 외에 책, 자동차, 모자 등 온갖 잡화의 정보까지 알 수 있는 정말 스마트한 기능이에요.

구글 렌즈로
스마트하게 살아가는 법

스마트 렌즈 중 하나인 '구글 렌즈(Google Lens)'는 스마트폰 카메라를 이용하여 특정 사물을 촬영하면 그 사물에 해당하는 정보를 알려주는 기능입니다. 예를 들어 음식 사진을 촬영하면 음식의 명칭이나 재료, 조리 방법 등을 알려주고, 책을 촬영하면 글자를 인식하여 내용을 손쉽게 검색할 수 있습니다. 또 실제 건물 사진을 찍으면 주변 장소 정보까지 얻을 수 있는 등 다양한 기능을 사용할 수 있습니다. 먼저 플레이스토어에서 구글 렌즈 앱을 검색하여 다운받아 주세요(참고- 플레이스토어 사용법, 21쪽).

01 구글 렌즈에서 꽃 검색하기

❶ 앱 화면에서 [구글 렌즈]를 누릅니다.

❷ '카메라로 검색' 화면이 나타납니다. [📷] 을 누릅니다.

❸ 카메라 화면이 나타납니다. 정보를 알고 싶은 식물을 찍습니다.

❹ 검색 결과를 확인합니다. 식물의 경우 주로 정보가 나타납니다.

02 구글 렌즈에서 번역 이용하기

❶ 앱 화면에서 [구글 렌즈]를 누릅니다.

❷ '카메라로 검색' 화면이 나타납니다. [번역]을 누릅니다.

❸ 카메라 화면이 나타납니다. 이때 번역하고 싶은 문장이 있는 책이
나 지면 등을 찍습니다.

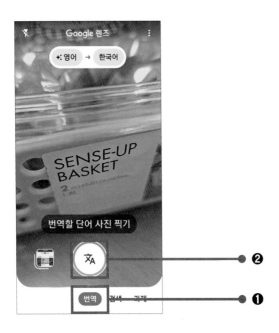

❹ 번역 결과가 화면에 바로 나타납니다.

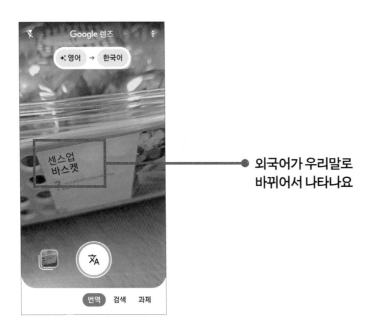

외국어가 우리말로
바뀌어서 나타나요

구글 렌즈에서 검색 기능 이용하기

❶ 앱 화면에서 [구글 렌즈]를 누릅니다.

❷ '카메라로 검색' 화면이 나타납니다. [검색]을 누릅니다.

❸ 카메라 화면이 나타납니다. 정보를 알고 싶은 물건을 찍습니다.

❹ 각도를 잘 맞추어 물건을 정확히 카메라 렌즈 모양의 화면 안에 넣습니다.

❺ 검색 결과를 확인합니다. 구입이 가능한 물건의 경우 가격이나 구매처 등의 정보가 나타납니다.

"결과물의 정확도를 높이고 싶다면 검색하고 싶은
책, 식물 등이 카메라 중앙에 오도록 배치해요!"

03

키오스크로 혼자서도
음식 주문하고 차표
예매할 수 있다!

요즘 식당이나 기차역, 터미널에 있는 낯선 기계, 키오스크로 인해 곤란을 겪는 어르신들의 소식이 자주 들려와요. 키오스크란 고객이 직접 물건 또는 서비스를 주문할수 있게 해주는 무인 발매기를 말합니다. 음식 주문을 받거나, 표를 끊어주던 직원들이 사라진 대신 그 자리를 키오스크가 대신하고 있는 것이죠. 키오스크 사용 방법을 몰라서 당황스러운데, 그렇다고 사람들에게 묻자니 그것도 부끄럽고 내키지 않으셨다면 이번 장을 꼼꼼히 봐주세요. 앞으로는 혼자서도 얼마든지 키오스크를 다룰수 있는 방법을 알려드릴게요.

03 이제는 꼭 알아야 하는
무인 발매기, 키오스크 사용법

키오스크는 식당, 카페, 마트, 공항, 기차역, 터미널 등 생활 반경 곳곳에 비치돼 있습니다. 최근에는 아예 키오스크만 설치된 무인 점포도 많이 늘어났으므로 사용법을 꼭 익혀두는 것이 좋습니다. 가게마다 키오스크 사용 방식이 조금씩 다르긴 하지만 기본 기능만 잘 알아두면 무엇이든 손쉽게 다룰 수 있습니다. 이 책에서는 키오스크 방법을 연습할 수 있는 스마트폰 앱, '서초 톡톡 앱'을 활용해보도록 하겠습니다. 서초 톡톡 앱을 미리 플레이스토어에서 다운받아 주세요(참고- 플레이스토어 사용법, 21쪽).

01 키오스크로 음식 주문하기

이번 장에서 나오는 키오스크 사용 방법은 모두 서초 톡톡 앱으로 대리 체험해보는 것입니다. 결제 방법은 신용카드 기준입니다.

❶ 앱 화면에서 [서초 톡톡]을 누릅니다.

❷ 패스트푸드 주문 연습을 해보겠습니다. [패스트푸드]를 누릅니다.

❸ 패스트푸드 주문 체험 바탕화면이 나옵니다. 바탕화면을 누릅니다.

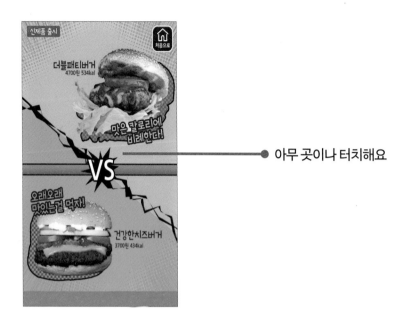

● 아무 곳이나 터치해요

❹ [매장에서 식사]와 [테이크 아웃] (포장)이 나옵니다. 둘 중 하나를 선택합니다.

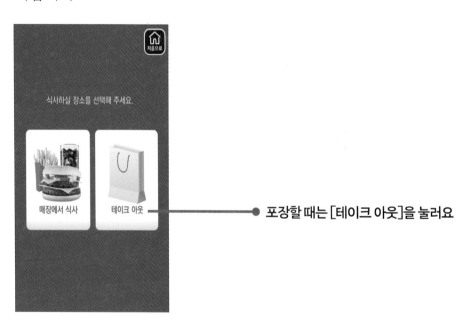

● **포장할 때는 [테이크 아웃]을 눌러요**

❺ 메뉴를 확인합니다. 왼쪽 세로 줄에 선택할 수 있는 항목들이 나열
돼 있습니다. 차례로 [추천 메뉴], [버거 세트], [음료], [사이드] 등의
항목이 있습니다. 여기서는 [추천 메뉴]를 골라봅시다.

❻ [추천 메뉴]를 선택하니 다양한 메뉴가 나타납니다. 그중 [더블 패
티 버거-세트]를 선택합니다.

❼ 사이드 메뉴를 선택합니다. [감자튀김], [탄산음료] 를 차례로 선택하고 [장바구니 추가]를 누릅니다.

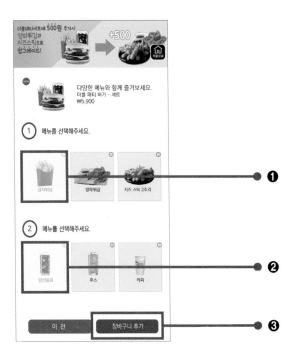

❽ 하단 주문 내역 화면에서 금액이 맞는지 확인하고 [주문 완료]를 누릅니다.

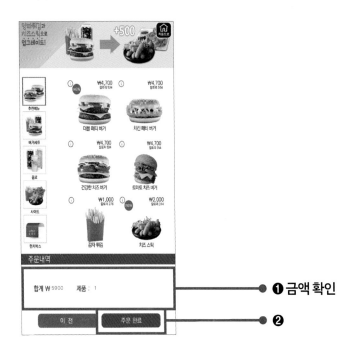

❶ 금액 확인

❷

❾ 주문을 확인합니다. 주문한 메뉴와 수량이 틀리면 [삭제]를 누릅니다. 이상이 없다면 합계 금액을 확인하고 [결제하기]를 누릅니다.

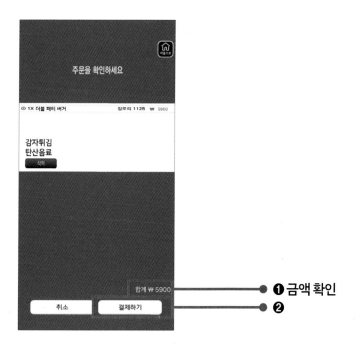

❶ 금액 확인
❷

❿ 결제창이 뜨면 카드 모양을 누릅니다. 키오스크는 거의 대부분 카드 결제만 가능하니 카드를 갖고 다니는 편이 좋습니다.

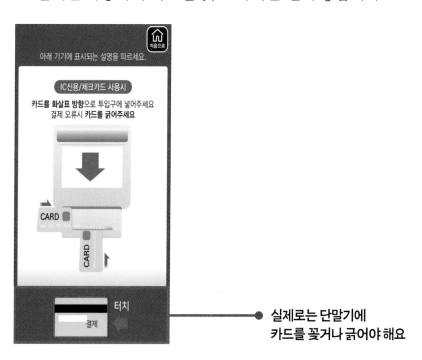

실제로는 단말기에
카드를 꽂거나 긁어야 해요

⓫ 결제가 완료되면 다음과 같은 화면이 나옵니다.

02 키오스크로 열차표 예매하기

❶ 앱 화면에서 [서초 톡톡]을 누릅니다.

❷ 기차표 발권 연습을 해보겠습니다. [KTX]를 누릅니다.

❸ 승차권 예매 체험 바탕화면이 나옵니다. 바탕화면을 누릅니다.

❹ 출발역과 도착역을 선택합니다. 출발역은 '서울역', 도착역은 '오송역'으로 표를 끊어보겠습니다. [출발]을 누릅니다.

❺ 하단에 나오는 역 중에서 [서울]을 선택한 뒤 [확인]을 누릅니다. 앞 과 같은 방법으로 [도착]을 눌러서 도착역 '오송역'을 선택합니다.

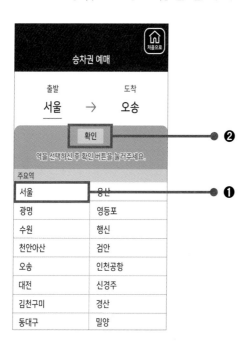

❻ 출발일을 정해봅시다. [출발일]을 누릅니다.

❼ 날짜와 출발 시간을 차례로 선택합니다. 역을 선택하는 것과 마찬가지로 원하는 날짜와 시간을 고른 뒤 [확인]을 누릅니다.

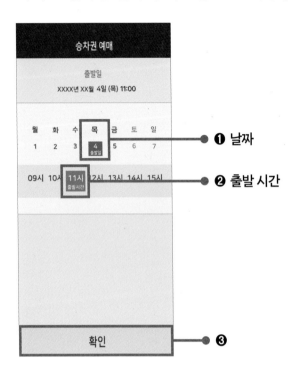

❽ [승객 연령 및 좌석수]를 누릅니다.

❾ '어른', '어린이', '경로'로 좌석이 구분돼 있습니다. 기차를 탈 승객의 연령을 선택한 후 [+], [-] 버튼으로 인원 수를 조절하고 [확인]을 누릅니다.

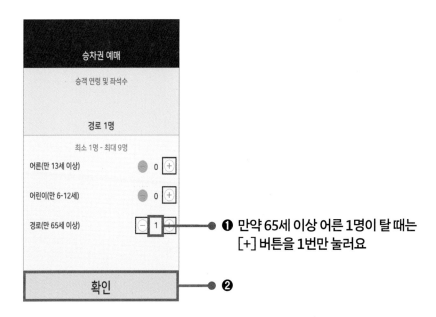

❶ 만약 65세 이상 어른 1명이 탈 때는 [+] 버튼을 1번만 눌러요

❷

❿ 객차를 선택하는 화면이 나옵니다. [일반실]을 선택한 뒤 [좌석 선택]을 누릅니다.

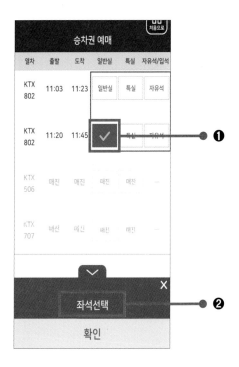

❶

❷

⓫ 진하게 표시된 것이 선택 가능한 좌석입니다. 흐리게 표시된 좌석은 이미 판매됐다는 의미입니다. 타고자 하는 좌석을 누르고 [선택 완료]를 누릅니다.

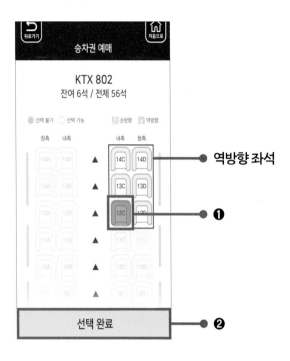

⓬ 결제 화면이 나옵니다. 출발지와 도착지, 출발 일시, 열차번호, 좌석 등을 마지막으로 확인합니다. 이상 없다면 [결제하기]를 누릅니다.

⓭ [신용카드]를 누릅니다.

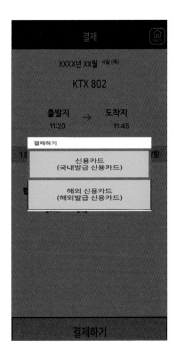

⓮ [결제 시작]을 누릅니다.

⓯ [결제 완료]를 누릅니다.

⓰ [승차권 인쇄]를 누릅니다.

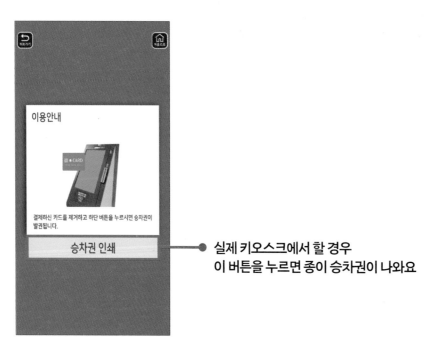

실제 키오스크에서 할 경우
이 버튼을 누르면 종이 승차권이 나와요

⓱ 발권이 완료되면 다음과 같은 화면이 나옵니다.

키오스크로 시외버스표 예매하기

❶ 앱 화면에서 [서초 톡톡]을 누릅니다.

❷ 고속버스표 발권 연습을 해보겠습니다. [고속버스]를 누릅니다.

❸ [현장 발권] 을 누릅니다.

❹ 출발지와 도착지를 선택합니다. 출발지는 앱에서 이미 지정돼 있는 '센트럴시티'입니다. [도착지 선택] 을 누릅니다.

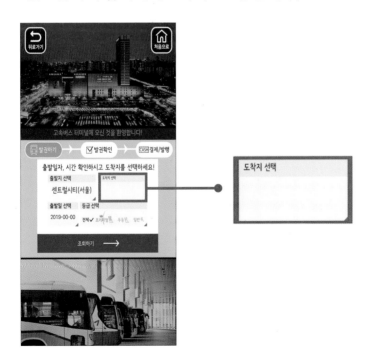

❺ 도착지는 자음 순서대로 나와 있습니다. [구례] 를 눌러봅시다.

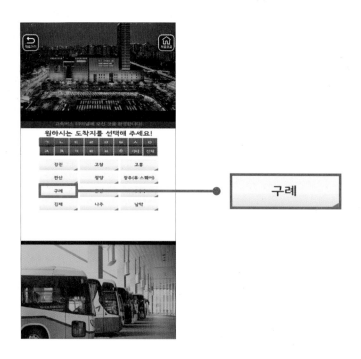

❻ 도착지가 구례로 설정됩니다. [조회하기] 를 누릅니다.

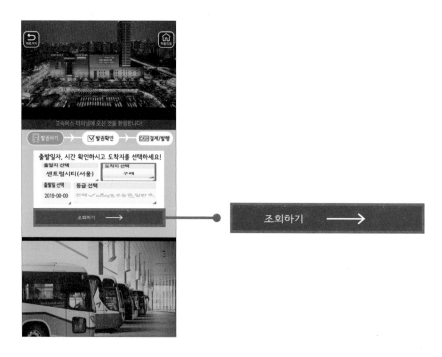

❼ 출발 시간을 선택합니다. 19시 버스를 타기로 하고 [선택]을 누릅니다.

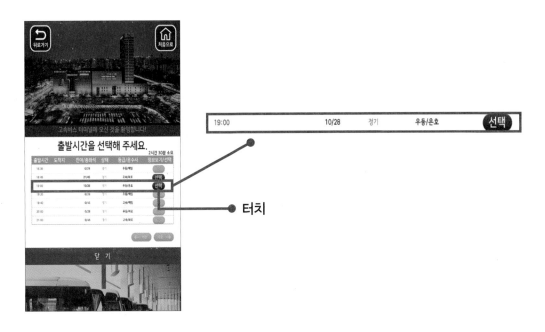

터치

❽ '어른', '초등생'으로 좌석이 구분돼 있습니다. 버스를 탈 승객의 연령을 선택합니다. 인원 수를 조절한 뒤 [확인]을 누릅니다.

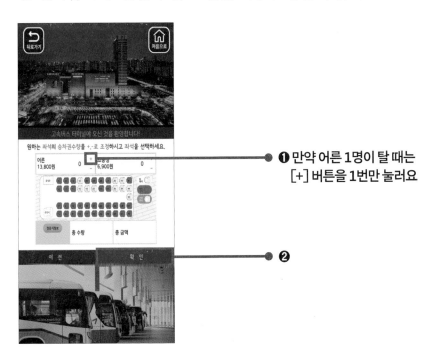

❶ 만약 어른 1명이 탈 때는
[+] 버튼을 1번만 눌러요

❷

❾ '발권 확인' 화면이 나옵니다. 출발지와 도착지, 출발 일시 등을 마지막으로 확인합니다. 이상 없다면 [카드 결제] 를 누릅니다.

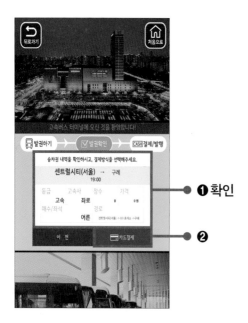

❿ [CARD] 를 누릅니다.

⑪ 발권이 완료되면 다음과 같은 화면이 나옵니다.

1. 코레일 가입하기
https://url.kr/zh8c4w

**2. 코레일 앱에서
기차표 예매하기**
https://url.kr/ldh4ev

**영웅이의
깜짝 TIP!**

"잠시만! 여기서 끝이 아니에요. 요즘 기차표 구하기 힘드셨죠? 이제 편하게 표를 예매하는 방법을 영상으로 보여드릴게요. 휴대폰 카메라로 옆의 QR 코드를 찍으면 영상 주소로 연결돼요. 영상으로 코레일 앱에 가입하고, 표를 끊는 법도 배워 봐요!"

(영상 출처 : 과학기술정보통신부 유튜브 채널)

04

유튜브로
미스터트롯 영상
볼 수 있다!

TV에서 해주는 트로트 경연 프로그램, 많이들 보시죠? 그 밖에도 드라마나 즐겨 보는 프로그램이 적어도 두세 개 정돈 있을 거예요. 이런 프로그램도 이제는 TV가 아닌 스 마트폰으로 언제 어디서나, 이동 중에도 바로 볼 수 있어 요. '유튜브' 앱만 있다면요! 유튜브에는 현재 방영 중인 TV 프로그램 외에도 아주 다양한 영상들이 올라와 있어 요. 자, 지금부터는 유튜브의 세계에 들어가 보겠습니다.

04 좋아하는 영상을 유튜브에서 보는 법

유튜브 하나만 있으면 오래된 옛날 드라마도 볼 수 있고, 실시간으로 화제의 뉴스도 볼 수 있습니다. 상단에 있는 검색창에 관심 있는 주제를 입력하기만 하면 관련된 영상들이 많이 올라옵니다. 그리고 유튜브 계정에 가입하고, 좋아하는 영상 채널을 '구독'하면 더 편하게, 자주 찾아볼 수 있습니다. 먼저 플레이스토어에서 '유튜브', '구글' 앱을 검색하여 다운받아 주세요(참고- 플레이스토어 사용법, 21쪽).

01 **유튜브에서 보고 싶은 영상 검색하기**

❶ 앱 화면에서 [YouTube(유튜브)]를 누릅니다.

❷ [🔍]을 눌러 검색창에 보고 싶은 영상의 제목을 입력합니다. 검색어는 정확하게 입력하지 않아도 됩니다. 주요 단어만 입력해도 됩니다.

❸ '건강관리' 관련 영상을 검색해보겠습니다. '건강관리'를 입력합니다.

● 입력

❹ 관련 영상이 쭉 나열됩니다. 이 중 원하는 것을 누릅니다.

"예를 들어, 트로트 영상을 보고 싶다면 '트로트' 만, 또는 가수의 이름만 입력해도 돼요! 그러면 관련 영상이 자동으로 나온답니다"

04

02 유튜브 계정 만들기

❶ 구글(유튜브) 계정을 만들어봅시다. 앱 화면에서 [Google(구글)]을 누릅니다.

구글 계정이 있어야
유튜브에 로그인할 수 있어요

❷ 우측 상단 상단의 [⊚] 버튼을 누릅니다.

❸ 로그인 화면이 나옵니다. [로그인] 버튼을 누릅니다.

❹ 좌측의 [계정 만들기] - [개인용] 을 선택합니다.

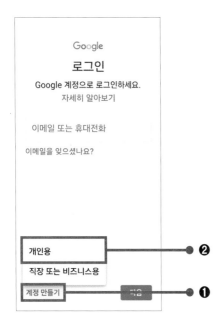

❺ 성과 이름을 입력하고 [다음]을 누릅니다.

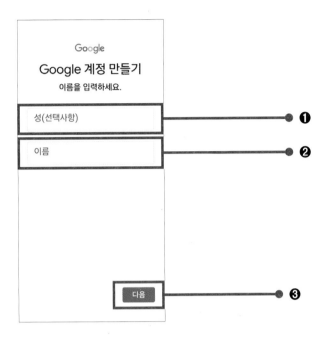

❻ 생년월일과 성별을 입력하고 [다음]을 누릅니다.

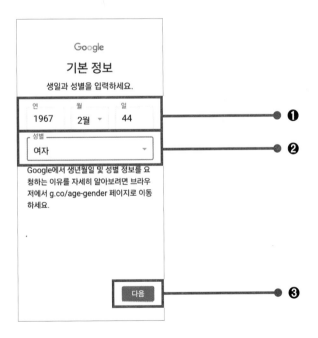

❼ [내 Gmail 주소 만들기] 를 선택하고 입력한 뒤 [다음] 을 누릅니다.

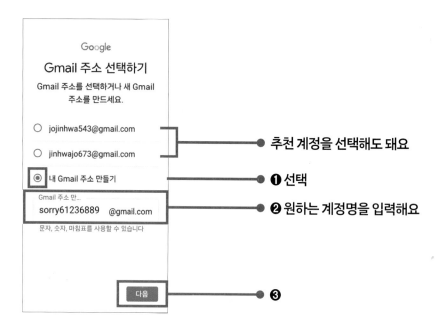

추천 계정을 선택해도 돼요

❶ 선택

❷ 원하는 계정명을 입력해요

❸

❽ 비밀번호를 입력하고 [다음] 을 누릅니다.

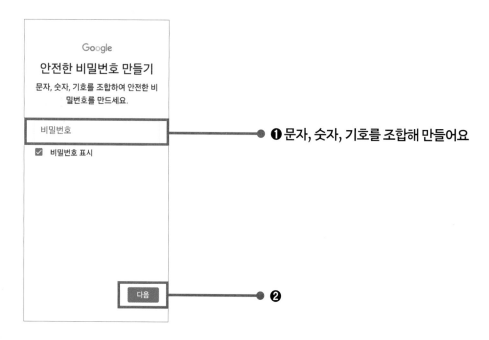

❶ 문자, 숫자, 기호를 조합해 만들어요

❷

❾ 전화번호를 추가할 것인지 묻는 화면이 나옵니다. 화면을 아래로 내려서 [건너뛰기]를 누릅니다.

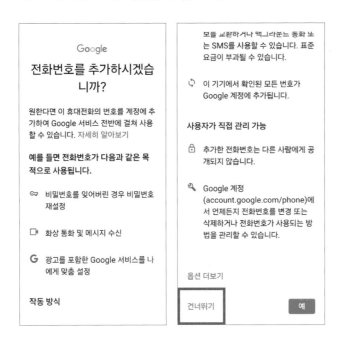

❿ 앞에서 입력한 이름과 메일 계정이 맞는지 확인하고 [다음]을 누릅니다.

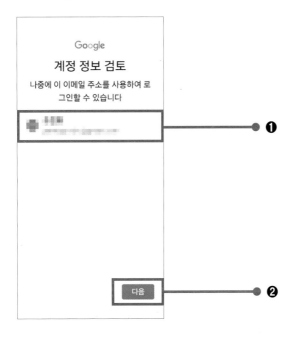

⓫ 개인정보 보호 및 약관에 동의 체크를 하고 [계정 만들기]를 누릅니다.

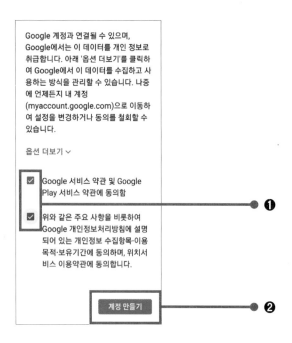

⓬ 계정이 만들어졌다면 유튜브 앱에 들어간 다음, 우측 하단에 표시된 나의 계정을 확인할 수 있습니다.

03 유튜브 채널 구독하기

❶ 앱 화면에서 [YouTube(유튜브)]를 누릅니다.

❷ 검색창에 구독하고 싶은 채널명 또는 검색하고 싶은 내용을 입력합니다. 가수 '임영웅'을 검색해보겠습니다.

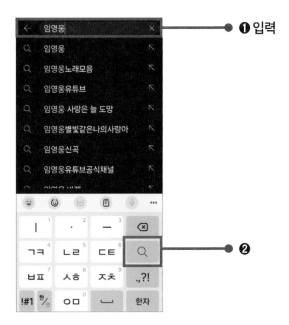

❶ 입력

❷

❸ 임영웅과 관련된 다양한 채널이 검색됩니다. 그중 마음에 드는 채널을 선택합니다.

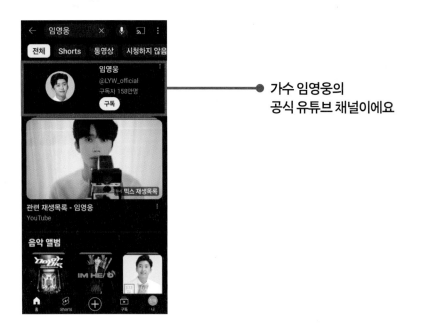

가수 임영웅의
공식 유튜브 채널이에요

❹ 채널 메인 화면에 있는 [구독] 버튼을 클릭합니다.

❺ 구독이 완료되면 [구독] 버튼이 [구독중] 으로 바뀝니다.

영웅이의
깜짝 TIP!

"채널을 구독하면 새 영상이 올라올 때마다 알림
도 받을 수 있고, 홈 화면에서 채널도 쉽게 찾을 수
있지요! 참, 유튜브 채널 구독은 무료예요!"

카카오톡
채팅방 만들고
대화할 수 있다!

살다 보면 옛 친구들과 오랜만에 이야기 나누며 추억을 나누고, 각자의 소식을 듣고 싶을 때가 있죠. 그럴 때는 카카오톡이 아주 유용하답니다. 이제는 많은 분이 스마트폰에서 카카오톡으로 대화를 나누긴 하지만 사실 카카오톡에는 숨은 기능들이 좀 더 많이 있어요! 5장과 6장에서는 카카오톡으로 할 수 있는 많은 일들을 차근차근 알려드릴게요.

05 카카오톡 채팅방에 친구를 초대하는 법

카카오톡에서는 일대일 또는 다대다로 방을 만들어 대화를 할 수 있습니다. 다대다로 얘기하는 대화방을 두고 흔히 '단톡방(단체 카카오톡 방의 줄임말)'이라고 부릅니다. 단톡방에는 아주 많은 사람을 초대할 수 있습니다.

또 대화할 때는 문자만이 아니라 갤러리에 저장된 사진도 보낼 수도 있으며, 모든 대화 내용은 자동으로 저장되어 필요할 때 언제든지 다시 볼 수 있습니다.

카카오톡 개인 채팅방 만들기

❶ 앱 화면에서 [카카오톡]을 누릅니다.

❷ 하단의 [💬] 버튼을 누릅니다.

❸ 우측 상단의 [🗨+] 버튼을 누릅니다.

❹ [일반 채팅] 을 누릅니다.

❺ 친구 목록에서 대화를 나누고 싶은 친구를 선택합니다. 또는 검색 창에 이름을 입력해서 검색할 수도 있습니다.

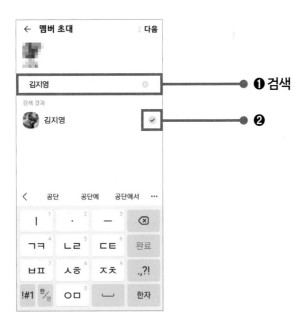

❻ 1:1 채팅방이 만들어집니다. 입력창에 원하는 내용을 쓰고 보내면 됩니다.

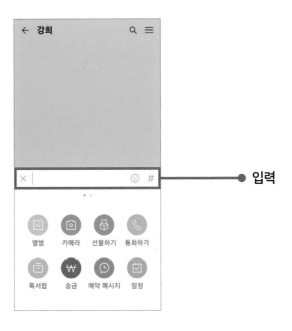

❶ 앱 화면에서 [카카오톡]을 누릅니다.

❷ 하단의 [💬] 버튼을 누릅니다.

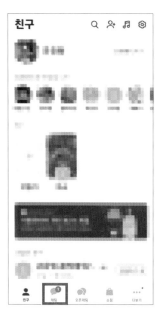

❸ 우측 상단의 [] 버튼을 누릅니다.

❹ [팀 채팅]을 누릅니다.

❺ 친구 목록에서 대화를 나누고 싶은 여러 명의 친구를 선택합니다.
또는 검색창에 이름을 입력해서 검색할 수도 있습니다.

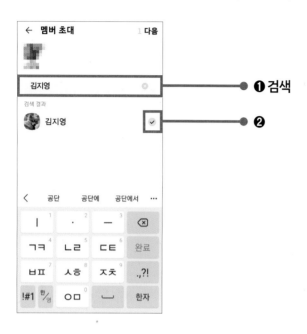

❻ 단체 채팅방이 만들어집니다. 팀 이름은 자유롭게 정하면 됩니다.

03 카카오톡 예약 메시지 보내기

❶ 화면에서 [카카오톡] 앱을 누릅니다.

❷ 예약 메시지를 보낼 상대가 있는 채팅방을 열고 [+]를 누릅니다.

❸ [예약 메시지] 를 누릅니다.

❹ 메시지 내용을 입력하고 보낼 시간을 설정한 뒤 [예약] 을 누릅니다.

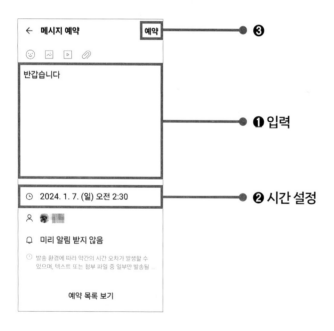

❺ 예약한 내용을 보고 싶을 때는 하단의 [예약 목록 보기]를 눌러서 확인할 수 있습니다.

❻ 예약 메시지를 취소하려면 예약 목록에서 상대의 이름을 길게 누릅니다. 그러면 [삭제] 버튼이 나오는데 이를 누르면 됩니다.

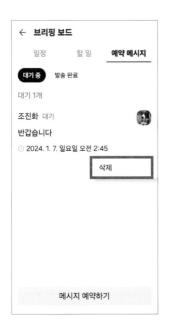

카카오톡으로
깜짝 선물을 보내자!

카카오톡에는 '쇼핑하기' 기능이 있는데, 여기에는 없는 것이 거의 없다고 할 수 있을 정도로 아주 많은 상품이 들어와 있어요. 식품, 화장품, 액세서리, 옷… 심지어 상품권도 구매할 수 있답니다. 그리고 '선물하기' 기능도 있어서 예를 들면 친구 생일날 케이크를 선물로 보낼 수도 있어요. 직접 밖에 나가지 않아도 쇼핑할 수 있다니! 아주 편리한 세상이 시작되었답니다.

카카오톡에서 쇼핑도 하고, 이모티콘도 사고!

카카오톡 쇼핑 기능에서는 일반적으로 내가 쓸 물건을 구매하는 것 그리고 선물하는 것, 크게 이 두 가지 방법을 사용할 수 있습니다. 게다가 상품을 할인된 가격으로 구매할 수 있어서 더 이득일 때가 많습니다(배송비도 무료인 경우가 많습니다). 또한 온라인 쇼핑몰에 가입해야 하거나 정보를 입력해야 하는 번거로움이 없어서 더욱 편리합니다.

그리고 카카오톡에는 '이모티콘'이 있습니다. 이모티콘은 카카오톡에서 대화할 때 쓸 수 있는 이미지로, 감정이나 느낌을 전달할 때 텍스트보다 더 유용합니다. 누구에게나 제공되는 기본 무료 이모티콘도 있고, 유료로 더 다양한 이모티콘을 구입할 수도 있습니다.

01   카카오톡 선물하기

❶ 앱 화면에서 [카카오톡]을 누릅니다.

❷ 선물을 보내고 싶은 상대가 있는 채팅방을 선택합니다. [+] 버튼을 누릅니다.

❸ [선물하기]를 누릅니다.

❹ 선물하기 화면에는 '생일', '가벼운 선물', '건강/회복' 등의 다양한 선물 종류가 있습니다. 그중 [생일]을 눌러보겠습니다.

❺ 케이크 상품을 선택합니다.

❻ 상품의 정보를 확인한 후 [선물하기] 버튼을 누릅니다.

❼ 상대에게 카드와 메시지를 보낼 수 있습니다. 메모 칸에 간단한 인
사말을 쓰고(꼭 쓰지 않아도 됩니다) 하단의 [결제하기] 를 누릅니다.

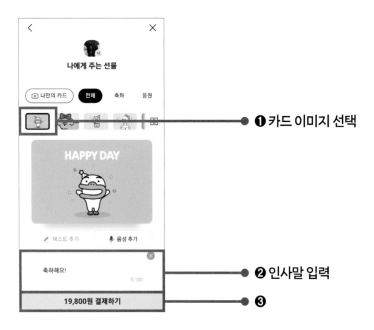

❽ 결제창이 뜨면 화면을 아래로 내려서 결제 방식을 선택합니다. 여
기서는 [무통장 입금] 을 선택하겠습니다.

❾ 은행을 선택합니다.

❿ 무통장 입금의 경우 현금영수증 신청 화면이 나옵니다. 신청한다면 휴대폰 번호를 입력합니다. 신청하지 않는다면 바로 하단의 [결제하기]를 누르면 됩니다.

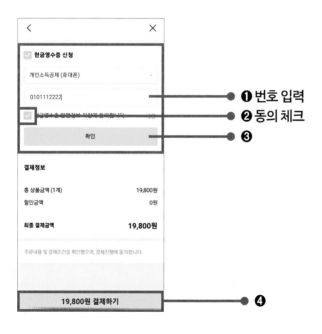

⓫ 주문이 완료되면 다음과 같은 창이 뜹니다. '입금 계좌 정보'의 계좌 번호를 확인하여 마감일 안에 입금합니다.

입금 마감일   2023-08-14 23:59 까지

입금하지 않으면 자동으로 취소돼요

영웅이의
깜짝 TIP!

"선물 받을 사람의 주소를 몰라서 고민하셨나요?
걱정 마세요! 주소는 꼭 쓰지 않아도 괜찮아요.
받는 사람이 알아서 다시 입력할 수 있거든요~"

02   카카오톡 쇼핑하기

❶ 앱 화면에서 [카카오톡]을 누릅니다.

❷ 카카오톡 화면 하단의 [쇼핑]을 누릅니다.

❸ 검색창에 구입하고자 하는 물품의 이름을 입력합니다.

● 입력

❹ '소고기'를 입력한 뒤 상품 목록이 나오면 원하는 것을 누릅니다.

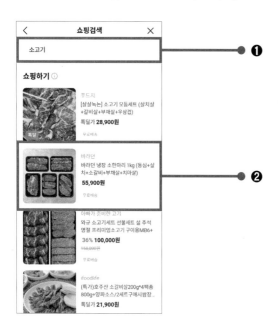

❶

❷

❺ 상품의 정보를 확인한 후 [구매하기] 버튼을 누릅니다.

❻ 가격과 수량을 정한 후 [바로 구매] 버튼을 누릅니다.

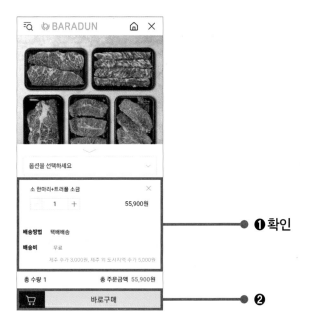

❶ 확인

❷

❼ 배송 주소를 입력하고 [결제하기] 버튼을 누릅니다.

❶ 입력

❷

❽ 결제 방법은 앞의 '카카오톡으로 선물하기'와 똑같이 무통장 입금 으로 진행합니다.

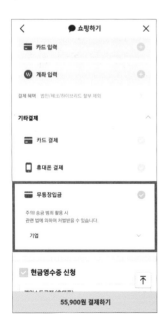

❾ 주문이 완료되면 다음과 같은 화면이 뜹니다. '입금 계좌 정보'의 계좌번호를 확인하여 마감일 안에 입금합니다.

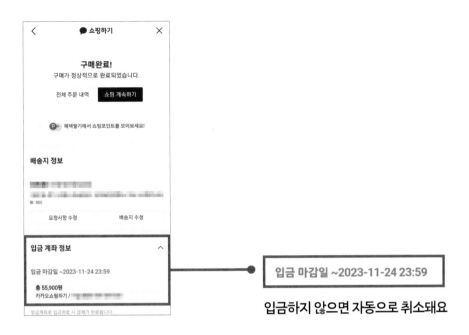

입금 마감일 ~2023-11-24 23:59

입금하지 않으면 자동으로 취소돼요

카카오톡 이모티콘 구입하기

❶ 앱 화면에서 [카카오톡]을 누릅니다.

❷ 카카오톡 화면 하단의 [더 보기] - [이모티콘] 을 누릅니다.

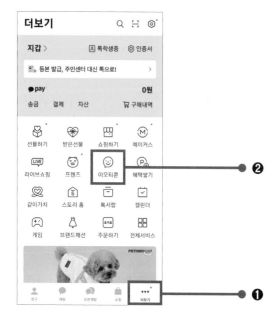

❸ 이모티콘 스토어에서 [Q] 버튼을 눌러 원하는 이모티콘을 검색합니다.

❹ '디즈니'를 검색해보겠습니다. 단어를 입력한 뒤 이모티콘 목록이 나오면 원하는 것을 누릅니다.

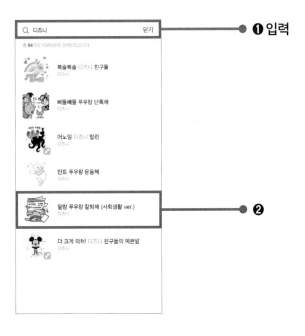

❶ 입력

❷

❺ 이모티콘을 눌러 확인한 후 [구매하기] 버튼을 누릅니다.

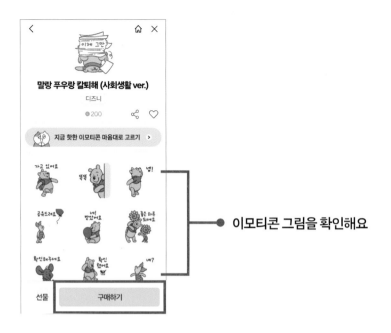

이모티콘 그림을 확인해요

❻ 결제 수단을 선택합니다. 카드가 저장돼 있지 않다면 휴대폰으로 결제하는 것이 가장 편리합니다. [구매] 를 클릭합니다.

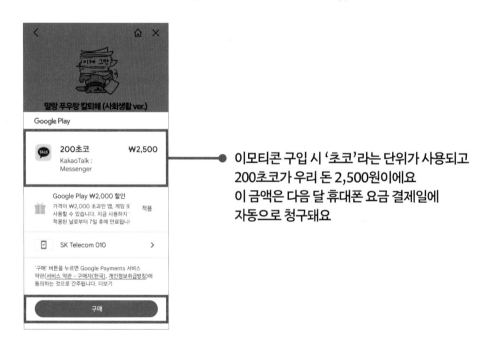

이모티콘 구입 시 '초코'라는 단위가 사용되고
200초코가 우리 돈 2,500원이에요
이 금액은 다음 달 휴대폰 요금 결제일에
자동으로 청구돼요

❼ 결제 수단 선택 화면이 나옵니다. 휴대폰 번호 옆에 체크 표시를 합니다.

❽ 결제가 완료되었습니다. 사진과 같이 결제 내역이 카톡으로도 발송됩니다.

01 카카오T 앱으로 택시 잡기

07

택시 호출 앱으로
쉽게 택시를 잡아보자!

요즘은 길에서 택시도 그냥 잡기 힘들어졌어요. 혹 지나가는 택시마다 '예약' 불이 들어와 있어 당황했던 적 없으신가요? 바로 택시 호출 앱이 생겼기 때문인데요. 사실 택시는 어딘가 급하게 가야 할 때 타는 이동 수단이므로, 이 기능은 우리 시니어들이 무조건 알아야 하는 디지털 노하우 중 하나라고 생각합니다. 이제 더는 택시 잡을 때 곤란하지 않도록 앱 사용법을 친절하게 알려드릴게요!

길에서 빈 택시 찾지 않고 편하게 미리 호출하는 법

택시를 잡을 때 주로 쓰는 카카오T 앱에서는 택시의 종류와 요금, 예상 도착 시간 등을 바로 확인할 수 있으며, 예약한 택시가 탈 곳에 도착할 시간도 실시간으로 알 수 있습니다. 또 실내에서 미리 택시를 예약한 뒤 밖으로 나가도 되어 더욱 편리합니다. 기사님에게 도착지를 따로 말하지 않아도 됩니다. 나만 택시를 호출할 때 출발지와 도착지의 위치는 정확하게 입력해야 합니다. 먼저 플레이스토어에서 '카카오T' 앱을 검색하여 다운받아 주세요 (참고- 플레이스토어 사용법, 21쪽).

01   카카오T 앱으로 택시 잡기

❶ 플레이스토어에서 '카카오T' 앱을 검색하여 다운받은 뒤 실행합니다
(카카오톡 앱을 쓰고 있다면 따로 회원 가입을 하지 않아도 됩니다).

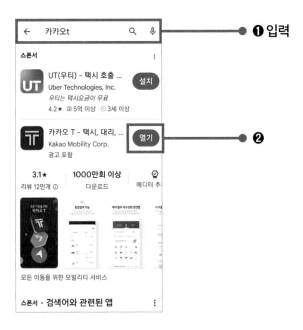

❷ 카카오T 앱을 실행합니다. 화면에 다양한 교통 수단이 나옵니다.
[택시] 버튼을 누릅니다.

❸ 현 위치가 자동으로 설정되며, 하단에 '어디로 갈까요?'라고 메시지
가 떠 있습니다. 이 부분을 터치합니다.

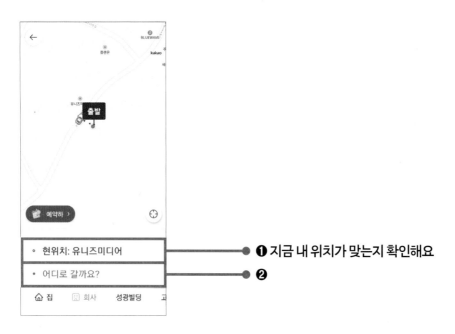

● ❶ 지금 내 위치가 맞는지 확인해요

● ❷

❹ 도착지는 단어로 간단하게 입력해도 됩니다. 그중에서 가고자 하는
곳을 선택하고 [도착]을 누릅니다.

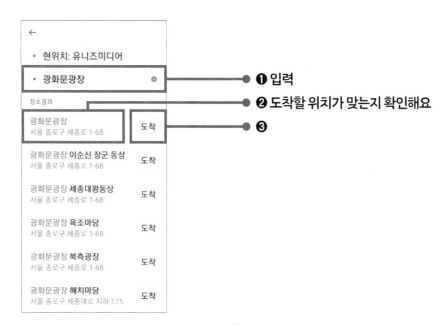

● ❶ 입력

● ❷ 도착할 위치가 맞는지 확인해요

● ❸

❺ 출발지와 도착지가 올바르게 입력됐다면 [호출하기] 버튼을 누릅
니다.

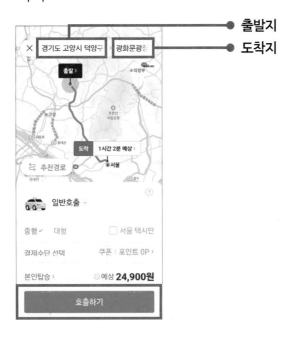

● 출발지
● 도착지

❻ 여러 종류의 택시가 화면에 뜹니다. 예상 비용도 함께 나오니 잘 확
인하여 원하는 택시를 선택합니다.

● 대부분 '일반 호출' 택시를 타요

❼ 조금 기다리면 차량과 기사님의 연락처가 뜹니다. 택시가 잡혔다는 뜻입니다. 이때 택시가 출발지에 약 몇 분 후에 오는지도 알 수 있습니다.

택시 정보

출발지 도착 시간을 확인해요

❽ 택시가 도착하면 탑승합니다. 이후에 앱 상단을 보면 도착 예정 시간도 알 수 있습니다.

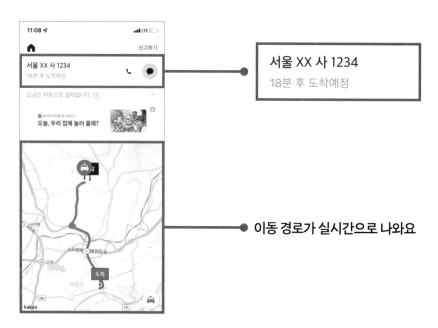

서울 XX 사 1234
18분 후 도착예정

이동 경로가 실시간으로 나와요

142

영웅이의
깜짝 TIP!

"택시 금액 결제는 도착한 뒤 카드 또는 현금으로
직접 해요!"

01   쿠팡 앱으로 생필품 구입하기

08

쇼핑 앱으로
무거운 생수, 쌀
주문할 수 있다!

슈퍼에 가서 장을 본 뒤 짐이 무거우면 계산대에서 배달을 신청할 수 있지요. 그런데 이보다 더 편리한 기능이 있어요. 날이 너무 춥거나 더울 때 또는 몸이 아파서 외출하기 힘들 때, 집에서도 장을 볼 수 있게 도와수는 쇼핑 앱이 있답니다. 게다가 슈퍼나 마트보다 더 저렴하게 살 수 있다는 사실! 이제는 쇼핑 앱 사용법을 알려드리겠습니다.

08 앱으로 더 빠르고, 더 편하고, 더 저렴하게 쇼핑하기

앱으로 생필품을 구매하게 되면 마트에 없는 더 많은 상품을 볼 수 있습니다. 가격 비교를 해 보기도 더 편리합니다.

요즘 생필품을 구입할 때 많은 이가 '쿠팡'을 쓰는 이유는 빠른 도착이 보장된 제품을 선택할 수 있기 때문입니다. 물품 아래에 '도착 보장 시간'이 떠 있으니 이를 확인하고 구입하면 됩니다. 대신 지역에 띠리 배달이 불가능할 수도 있으니 이는 물건을 구입할 때 미리 확인해야 합니다.

먼저 플레이스토어에서 '쿠팡' 앱을 검색하여 다운받아 주세요(참고- 플레이스토어 사용법, 21쪽).

01   쿠팡 앱으로 생필품 구입하기

❶ 플레이스토어에서 '쿠팡' 앱을 검색하여 다운받은 뒤 실행합니다.

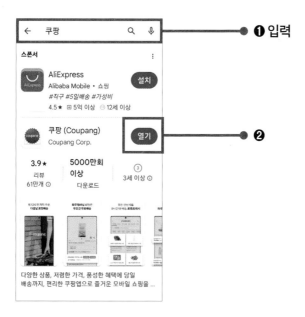

❷ 좌측 하단의 [三] 버튼을 누릅니다.

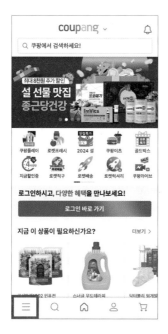

❸ [로그인]을 누릅니다.

❹ [회원 가입] 버튼을 누릅니다.

❺ 회원 가입을 진행합니다. 정보를 차례로 입력하고 [동의하고 가입하기]를 누릅니다.

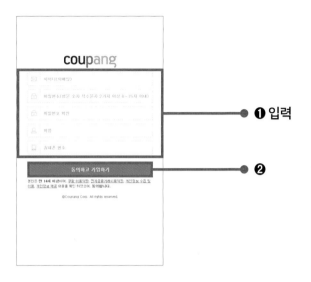

❶ 입력

❷

❻ 로그인을 마친 뒤 쌀을 구입해봅시다. 검색창에 '쌀'을 입력합니다.

❷ 입력

❶

❼ 상품 목록이 나오면 원하는 것을 누릅니다.

❽ 화면을 아래로 내려서 상품의 정보를 확인합니다.

❾ 수량을 선택하고 [장바구니에 담기] 또는 [바로 구매] 를 누릅니다. 여러 상품을 구매할 때는 '장바구니'에 담아놓은 뒤 쇼핑을 계속합니다. 여기서는 [장바구니에 담기] 를 선택하겠습니다.

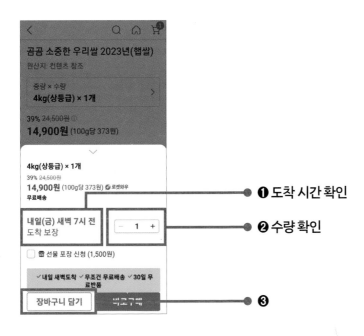

❶ 도착 시간 확인

❷ 수량 확인

❸

❿ 쇼핑을 마친 뒤 [🛒] - [장바구니 바로가기] 를 누릅니다.

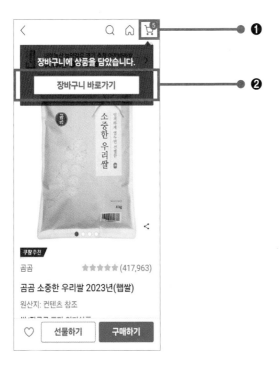

❶

❷

⓫ 장바구니에서 구매할 상품의 종류, 수량, 금액을 확인합니다. 이상이 없다면 [구매하기]를 누릅니다.

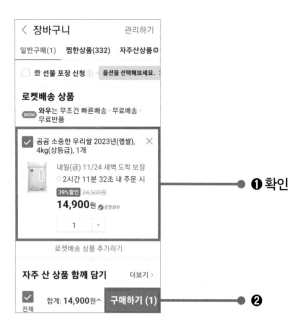

⓬ 결제창이 나옵니다. 결제 수단을 선택한 후 [선택 완료]를 누릅니다.

⓭ 최종 금액을 확인하고 [결제하기] 를 누릅니다.

❶ 확인

❷

영웅이의
깜짝TIP!

"배달 앱을 사용할 땐 결제 시 배송비도 꼼꼼하게
확인해요!"

배달의 민족 앱으로 음식 시켜 먹기

배달 앱으로
편하게 음식 주문할 수 있다!

날이 갈수록 외식 문화가 발달하고 있습니다. 하루가 멀다 하고 새롭고 맛있는 음식들이 쏟아져 나오는 것 같아요. TV를 보면 군침을 뚝뚝 흘리게 만드는 음식이 어찌나 많은지! 그런데 그런 음식을 매번 사 먹으러 밖에 나가기는 좀 귀찮겠지요? 그래서 이번에는 음식 배달 앱 사용법을 알려드릴게요. 가끔은 집에서 외식 분위기를 내는 즐거움도 누려보세요.

09 전화 대신 앱으로 배달 음식 시키는 법

배달 앱의 가장 큰 장점은 가게에 직접 전화하지 않아도 된다는 사실입니다. 전화로 말을 하다 보면 원하는 사항을 다 언급하지 못할 때도 많은데, 앱을 사용하면 선택 사항을 꼼꼼하게 체크해서 주문할 수 있습니다. 그리고 배달 도착 시간도 사전에 알 수 있고, 주문이 완료된 후 배달 기사가 도착지로 오고 있는 과정도 실시간으로 볼 수 있습니다. 먼저 플레이스토어에서 '배달의 민족' 앱을 검색하여 다운받아 주세요(참고- 플레이스토어 사용법, 21쪽).

01 배달의 민족 앱으로 음식 시켜 먹기

❶ 플레이스토어에서 '배달의 민족' 앱을 검색하여 다운받습니다.

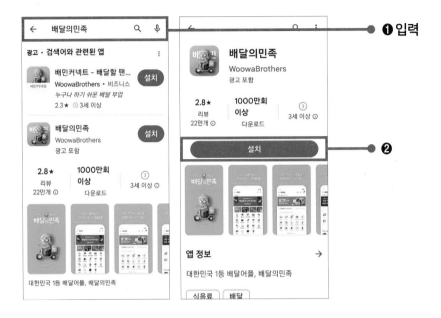

❷ 앱을 실행하면 접근 권한 허용 안내창이 나옵니다. [허용]을 누릅니다.

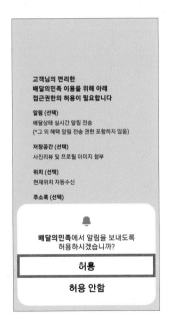

❸ 접근 권한 허용 항목이 뜹니다. [확인] 을 누릅니다.

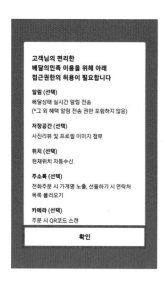

❹ 약관 동의 화면이 나옵니다. 필수 항목만 체크하고 [시작하기] 를 누릅니다.

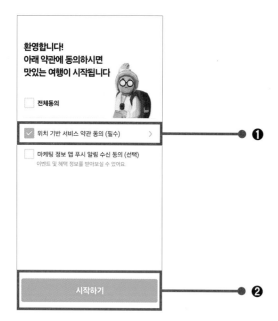

❺ 배달 받을 주소를 설정할 차례입니다. 안내창이 뜨면 [앱 사용 중에만 허용]을 누릅니다.

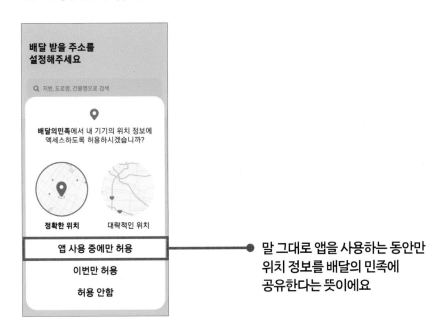

말 그대로 앱을 사용하는 동안만
위치 정보를 배달의 민족에
공유한다는 뜻이에요

❻ [현재 위치로 설정]을 누릅니다.

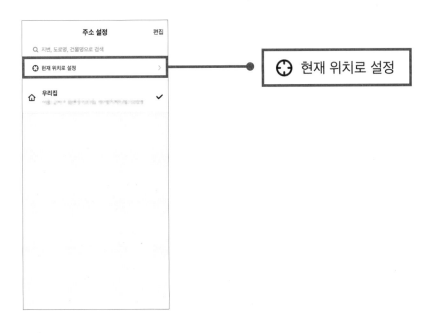

⊕ 현재 위치로 설정

❼ 지도에서 위치를 선택합니다. 주소가 맞다면 [이 위치로 주소 설정]을 누릅니다. 주소 설정이 완료됐습니다.

❶ 주소 확인

❷

❽ 이제 주문을 해봅시다. 메인 화면에서 [배달]을 눌러 음식 메뉴를 찾아봅니다.

메뉴를 검색해도 돼요

❶

❾ [치킨]을 누릅니다.

❿ 주문이 가능한 치킨 가게 목록이 나옵니다.

⓫ 가게를 선택하면 주문 시 알아야 할 옵션을 볼 수 있습니다. 매장 위치, 배달팁, 배달 시간 등을 확인합니다.

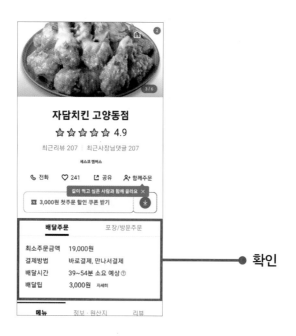

⓬ 화면을 아래로 내리면 메뉴 사진, 가격 등의 상세 설명이 나옵니다.

⓭ 메뉴를 선택하고 수량을 정합니다. [옵션 변경]을 누르면 해당 메뉴의 옵션을 바꿀 수 있습니다. 선택이 끝났다면 [주문하기]를 누릅니다.

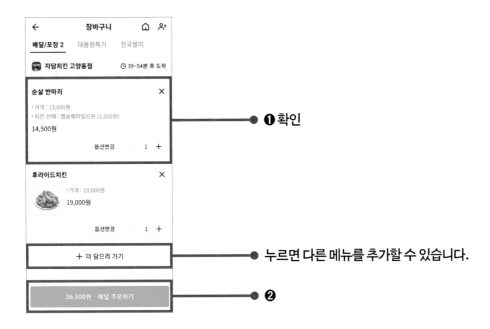

❶확인

누르면 다른 메뉴를 추가할 수 있습니다.

❷

⓮ 로그인을 하면 주문이 더 간편해집니다. [로그인하고 주문하기]를 누릅니다.

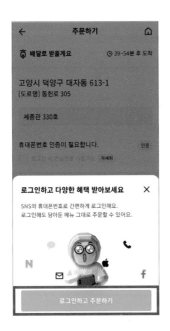

⓯ 카카오톡 또는 네이버 계정으로 로그인할 수 있습니다. 여기서는 일반 회원가입을 해보겠습니다. [휴대폰 번호로 계속하기]를 누릅니다.

⓰ 첫 가입 시에는 휴대폰 인증을 해야 합니다. 통신사, 이름과 주민등록번호 앞자리, 휴대폰 번호를 입력하고 [인증번호 받기]를 누릅니다. 문자 메시지로 도착한 인증번호를 입력한 뒤 [확인]을 누릅니다.

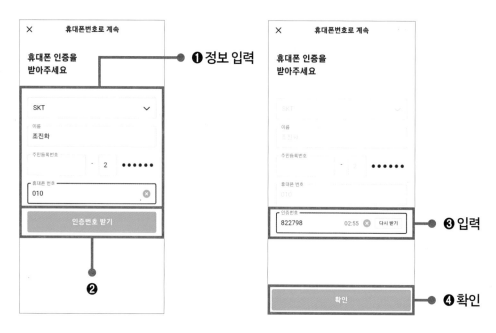

⓱ 절차가 끝나면 가입 약관 동의가 진행됩니다. 여기서는 '필수' 동의 항목에만 체크합니다.

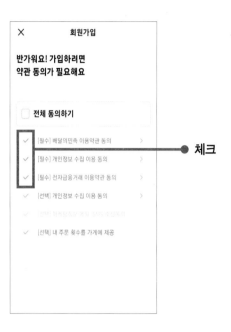

● 체크

⓲ 이메일 주소를 입력하고 [확인]을 누릅니다.

❶ 입력

❷

⓳ 회원 가입과 로그인을 마쳤으니 이제 결제가 진행됩니다. 주소와 전
화번호를 꼭 다시 확인하고 화면을 아래로 내립니다.

⓴ 결제 수단 화면이 나옵니다. [다른 결제 수단] 을 체크합니다. 신용/
체크카드 옆의 [변경] 을 누릅니다.

❷❶ [만나서 현금 결제] 또는 [만나서 카드 결제]를 누릅니다.

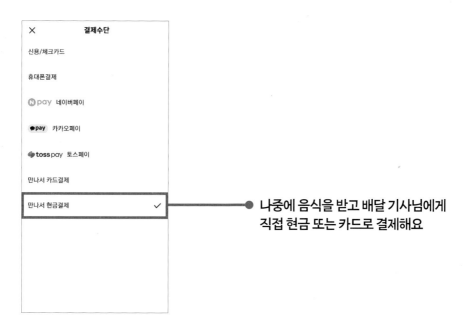

나중에 음식을 받고 배달 기사님에게
직접 현금 또는 카드로 결제해요

❷❷ 선택이 다 끝났습니다. 이상이 없다면 [위 내용에 모두 동의합니다]에 체크를 하고 [결제하기]를 누릅니다.

❶ 체크

❷

❷❸ 주문이 완료되면 주문 상황을 확인할 수 있습니다. 남은 시간에는 메뉴를 받기까지 걸리는 시간이 표시됩니다.

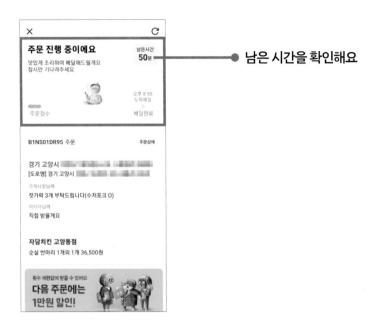

● 남은 시간을 확인해요

**영웅이의
깜짝 TIP!**

"앱 메인 화면에서 할인 쿠폰도 받을 수 있어요!"

01 휴일날 영업하는 병원과 약국 찾기

집에서 가까운
병원과 약국 바로 찾을 수 있다!

흔히 "건강이 최고다"라고 말을 하지요. 아프지 않고 건강하게 살 수 있는 것만큼 큰 축복은 없습니다. 하지만 건강은 자신할 수 없는 것이지요. 사람은 언제 아프게 될지 모르는 법입니다. 갑자기 집에서 미끄러져 다칠 수도 있고요. 그럴 때를 대비해서 휴일날 또는 야간에 진료하는 병원이나 약국을 평소 미리 알아두면 좋아요. 이제는 그런 곳을 찾아내는 방법을 알려드릴게요!

10 갑자기 아플 때 갈 수 있는 병원과 약국 알아두기

여기서 설명할 앱들은 모두 '위치' 정보를 기반으로 하여 집에서 가까운 병원과 약국을 찾게 해줍니다. 위치는 물론이고 전화번호, 영업 시간, 진료 과목, 진료비 등 다양한 정보도 제공합니다. 먼저 플레이스토어에서 '네이버 지도' 앱을 검색하여 다운받아 주세요(참고- 플레이스토어 사용법, 21쪽).

01	휴일날 영업하는 병원과 약국 찾기

❶ 네이버 지도로 집 근처 병원과 약국 찾는 법

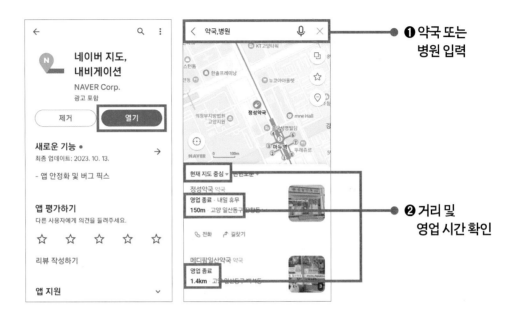

앱에서 '약국' 또는 '병원'을 검색하면 집과 가까운 약국과 병원을 찾을 수 있습니다. 집에서 얼마나 가까운지 거리를 확인할 수 있고 영업 시간도 알 수 있습니다.

❷ 야간 진료하는 병원 찾는 법

• 응급 의료 포털에 접속하는 법

네이버, 다음 같은 포털 사이트에서 'e-gen' 또는 '휴일 야간 진료'를 검색하면 야간에 운영하는 병원이나 약국을 알려주는 응급 의료 포털 사이트에 접속할 수 있습니다. 이 사이트에서 야간 진료를 하는 병원의 위치, 전화번호, 진료 시간, 진료비 등 다양한 정보를 확인할 수 있습니다.

• 지도 앱에서 찾는 법

네이버 지도 앱의 검색창에 '휴일 야간 진료'를 검색하면 휴일 또는 야간에 진료를 하는 병원을 확인할 수 있습니다.

❸ 온라인 진료 예약 병원 앱 다운받기

플레이스토어에서 '똑닥'(또는 '굿닥') 앱을 다운받습니다. 이 앱은 온라인 진료
와 약 배송 서비스를 제공합니다. 마찬가지로 설치한 뒤 검색창에 '주변 병원'
이나 '휴일 야간 진료'를 입력하면 가까운 약국과 병원을 찾을 수 있습니다.

도서 내용 관련 문의는 아래 메일로 부탁드립니다.
cinedu@naver.com

시니어를 위한
슬기로운 디지털 생활

초판 1쇄 발행 2024년 2월 28일

지은이 조진화, 임지윤
펴낸이 김선준

편집이사 서선행
책임편집 배윤주 **편집2팀** 유채원 **디자인** 엄재선
마케팅팀 권두리, 이진규, 신동빈
홍보팀 조아란, 장태수, 이은정, 권희, 유준상, 박미정, 박지훈
경영관리팀 송현주, 권송이

펴낸곳 (주)콘텐츠그룹 포레스트 **출판등록** 2021년 4월 16일 제2021-000079호
주소 서울시 영등포구 여의대로 108 파크원타워1 28층
전화 02) 332-5855 **팩스** 070) 4170-4865
홈페이지 www.forestbooks.co.kr
종이 (주)월드페이퍼 **인쇄** 더블비 **제본** 책공감

ISBN 979-11-93506-34-9 13000

㈜콘텐츠그룹 포레스트는 독자 여러분의 책에 관한 아이디어와 원고 투고를 기다리고 있습니다. 책 출간을 원하시는 분은 이메일 writer@forestbooks.co.kr로 간단한 개요와 취지, 연락처 등을 보내주세요. '독자의 꿈이 이뤄지는 숲, 포레스트'에서 작가의 꿈을 이루세요.

디지털 마스터가 되는
그날까지~

"엄마, 이제 내가 알려줄게요!"